Recursos de capital y la economía

Jennifer Overend Prior, Ph.D.

Asesora

Caryn Williams, M.S.Ed.
Madison County Schools
Huntsville, AL

Créditos de imágenes: Portada y págs. 1, 29 (arriba) Blend Images/Alamy; pág. 26 Cornelius Kalk/age fotostock; pág. 27 Jeff Greenough/age fotostock; pág. 9 (arriba) David Price/Alamy; pág. 6 (izquierda) Mary Evans Picture Library/Alamy; pág. 17 (medio) Michael Neelon/Alamy; págs. 2–3 Myrleen Pearson/Alamy; pág. 15 (arriba) Rawdon Wyatt/Alamy; pág. 15 (fondo) Richard Levine/Alamy; pág. 16 Hulton-Deutsch Collection/Corbis; pág. 25 (arriba) Alistair Berg/Getty Images; pág. 19 (arriba) Richard Drury/Getty Images; pág. 14 The Granger Collection, NYC/The Granger Collection; págs. 3, 10 (abajo), 13 (arriba), 17 (arriba), 23 (arriba), 28 (arriba), 21 iStock; pág. 10 (izquierda) Bourne & Shepherd/National Geographic Creative; págs. 12–13 Attila Balazs/EPA/Newscom; pág. 8 (arriba) Rolf Schultes/Newscom; págs. 6 (derecha), 7 Wikimedia Commons; todas las demás imágenes pertenecen a Shutterstock.

Teacher Created Materials

5301 Oceanus Drive
Huntington Beach, CA 92649-1030
http://www.tcmpub.com

ISBN 978-1-4938-0601-0

© 2016 Teacher Created Materials, Inc.
Printed in Malaysia
Thumbprints.24449

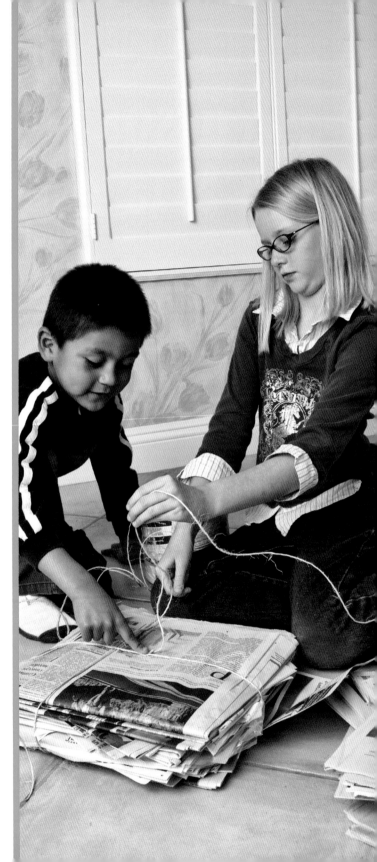

Índice

El agua es un recurso natural.

¿Qué son los recursos de capital?

Tenemos muchos **recursos** disponibles. Un recurso es algo que podemos usar. Algunos de ellos son **recursos naturales**. Esto significa que se encuentran en la naturaleza. El agua y los árboles son recursos naturales. Bebemos agua y la usamos para muchas cosas. Usamos los árboles para fabricar viviendas y papel.

Un martillo es un recurso de capital.

Los **recursos de capital** son cosas que usan las personas para hacer bienes y brindar servicios. Por ejemplo, la madera es un recurso natural. Podemos usar la madera para construir una casa. Pero los clavos son recursos de capital. Usamos los clavos para mantener la madera unida entre sí. No podemos construir una vivienda sin recursos de capital.

Piensa en algunas de las cosas que te rodean en este momento. ¿Qué herramientas crees que necesitamos para fabricar tu silla? ¿Qué se usó para convertir árboles en lápices? Todas estas cosas son recursos de capital.

Recursos de capital antes y ahora

Las personas siempre han usado recursos de capital. Nuestros **antiguos ancestros** los usaron. Cuando excavamos en la tierra donde vivieron los primeros seres humanos, encontramos herramientas. Nuestros ancestros usaron estas herramientas para cazar animales. Estas herramientas eran recursos de capital.

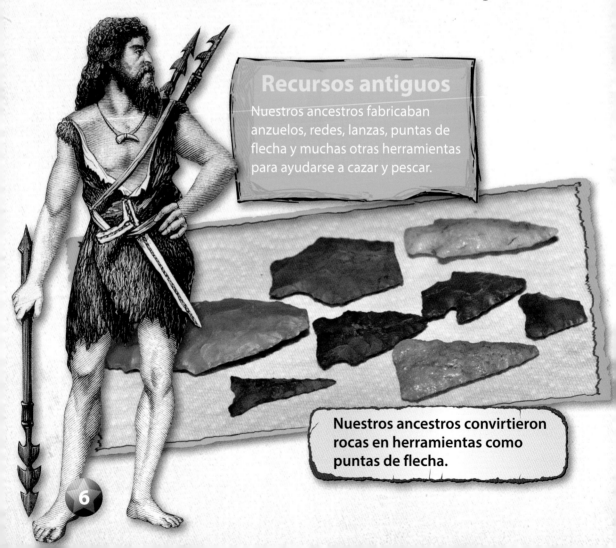

Recursos antiguos

Nuestros ancestros fabricaban anzuelos, redes, lanzas, puntas de flecha y muchas otras herramientas para ayudarse a cazar y pescar.

Nuestros ancestros convirtieron rocas en herramientas como puntas de flecha.

piedra de
molino

molino de
agua

Este molino de agua
convierte trigo en harina.

Después, las personas encontraron una manera de convertir
el agua en electricidad. Colocaron una gran rueda en un río. El
agua en movimiento hacía girar la rueda. Esto se llamó *molino
de agua*. El molino de agua estaba conectado con una **piedra
de molino** en un edificio. Cuando el molino de agua giraba, la
piedra de molino giraba también. La piedra de molino chocaba
contra otra piedra grande. Esto podía usarse para convertir
trigo en harina. Luego, las personas podían usar la harina para
preparar alimentos como el pan. El agua en movimiento es un
recurso natural. Pero el molino de agua, la piedra de molino y el
edificio son recursos de capital.

Usamos muchos recursos de capital diferentes hoy en día. Muchos alimentos que consumimos provienen de la naturaleza. Los huevos son un recurso natural. Las gallinas los ponen en las granjas. Luego, los huevos se llevan a tiendas donde las personas los compran. Pero a la mayoría de nosotros no nos gusta comer huevos crudos o sin cocinar. Necesitamos recursos de capital antes de comerlos. Los camiones que trasladan los huevos desde la granja hasta la tienda son recursos de capital. Las sartenes que usamos para cocinar los huevos también son recursos de capital.

Este granjero recoge huevos para llevarlos a las tiendas.

Piensa en los ladrillos que se usan para construir edificios. Los ladrillos están fabricados con una mezcla de recursos naturales, como arena, arcilla y agua. Pero las personas también necesitan recursos de capital para fabricar ladrillos. Necesitamos herramientas para dar forma a los ladrillos y hornos para cocinarlos. Todos estos elementos son recursos de capital. Los recursos de capital nos ayudan a usar los recursos naturales de diferentes maneras.

Este hombre usa recursos de capital para fabricar ladrillos.

Las personas siempre han usado recursos de capital para simplificar la vida. En el pasado, las personas usaban herramientas como canastos para que recolectar los alimentos fuera más simple. Pero en ese entonces, las personas tenían que vivir cerca de las fuentes de alimento y agua. Hoy en día, nos pueden llevar el alimento y el agua.

Mucho tiempo atrás, las personas tenían que obtener agua de un río o un pozo. Los pozos son hoyos profundos en la tierra con agua en el fondo. En la actualidad, las viviendas tienen conexiones de plomería. Este es un sistema de tuberías que permite introducir el agua. Las personas usan esta agua para beber, cocinar y bañarse.

pozo

Esta mujer usa un canasto para recolectar bayas.

canasto

A diferencia de nuestros ancestros, no tenemos que cazar ni recolectar alimentos. En lugar de eso, tenemos mercados. Los alimentos se cultivan en las granjas. Las granjas pueden estar ubicadas a millas de distancia. ¡Incluso pueden estar en otros países! Luego, los alimentos se ponen en cajas y se envían a los mercados. El uso de los recursos de capital ha simplificado mucho la vida.

Cuando compramos en mercados, podemos elegir muchos tipos diferentes de alimentos para consumir.

Este trabajador usa recursos de capital para fabricar LEGO®s.

Bienes y servicios

¿Sabías que usas bienes todos los días? Los bienes son cosas que las personas compran y venden. ¿Alguna vez has comprado un juguete o un videojuego? Estos son bienes. Las personas usan recursos de capital para fabricarlos. Usan máquinas para fabricar la mayoría de los juguetes. Se necesitan computadoras para crear videojuegos. Las máquinas y las computadoras son recursos de capital.

Productores y consumidores

Las personas que fabrican bienes o prestan servicios, se llaman *productores*. Las personas que usan bienes o servicios, se llaman *consumidores*. Eres un productor cuando haces las tareas de la casa. Eres un consumidor cuando compras un juguete. Todos somos productores y consumidores.

Este hombre usa recursos de capital para prestar un servicio.

También usamos muchos tipos de servicios. Un servicio es algo que una persona hace por ti. ¿Has comido alguna vez en un restaurante? Los cocineros que preparan la comida prestan un servicio. También lo hacen las personas que te traen la comida. Los elementos que se usan para preparar la comida, como hornos y ollas, son recursos de capital. La bandeja que el mesero usa para llevar la comida hasta tu mesa también es un recurso de capital. Las personas usan recursos de capital para brindar servicios.

La economía

Es posible que hayas escuchado acerca de la **economía**. Este es el sistema en el cual las personas usan dinero para comprar bienes y contratar servicios. Los recursos de capital son parte de este sistema.

Las personas usan recursos de capital para ganar dinero. Un artista puede gastar dinero para comprar un pincel. El artista usa el pincel para crear una pintura. La pintura se vende a un comprador. El artista usó un recurso de capital para ganar dinero. El pincel es el recurso de capital. El artista ahora puede usar ese dinero para comprar más bienes o contratar más servicios. Esto mantiene la economía en movimiento.

A veces, la economía es sólida. Esto significa que la mayoría de las personas tienen trabajo. Ganan dinero y lo gastan en bienes y servicios. Esto se llama *período de auge*. En otros momentos, la economía es débil. Este es el momento en que muchas personas no tienen trabajos. No ganan dinero, por lo que no pueden comprar bienes ni servicios. Esto se llama *período de decadencia*.

Estas personas esperan afuera de una oficina gubernamental para tratar de encontrar trabajo durante un período de decadencia en 1931.

Un artista vende sus pinturas.

Las personas tienen dinero para gastar en bienes y servicios durante un período de auge.

La **oferta** y la **demanda** son partes clave de una economía. La oferta es la cantidad de algún artículo que hay para vender o usar. La demanda es la cantidad de personas que quieren comprar o usar ese artículo.

La oferta y la demanda están en constante cambio. A veces, hay mucha demanda de algo. Esto significa que muchas personas quieren comprarlo al mismo tiempo. Muchas personas quieren sopa en un día lluvioso. Cuando las personas compran mucha sopa, es posible que no quede nada al final del día. La demanda es alta y la oferta es baja.

Pero en otros momentos, hay muy poca demanda para ese mismo producto. Muy pocas personas quieren sopa en un día soleado y caluroso. Esto significa que probablemente sobrará mucha sopa al final del día. La demanda es baja y la oferta es alta.

Las mujeres hacen fila para comprar medias de nailon después de la Segunda Guerra Mundial porque hay una alta demanda.

16

A veces, las cosas se venden con rebajas cuando hay baja demanda.

Estas personas esperan en la fila para comprar nuevos dispositivos electrónicos que tienen alta demanda.

17

En algunos países, el gobierno establece los precios para los bienes y servicios. Esto se llama *economía dirigida*. Esto sucede cuando los líderes ordenan, o indican, a las personas qué precios fijar. Hacen esto para asegurarse de que los precios nunca sean demasiado altos ni demasiado bajos.

En Estados Unidos, tenemos una economía de libre mercado. Esto significa que el gobierno no controla los precios de los bienes y servicios. En su lugar, las personas fijan los precios de los productos que venden. En una economía de libre mercado, los precios se deciden según la oferta y la demanda.

Este es un ejemplo. La propietaria de una tienda puede vender goma de mascar al precio que desee. Puede fijar el precio alto cuando hay baja demanda. Pero no venderá mucha goma de mascar. Puede fijar el precio bajo cuando hay alta demanda. Las personas comprarán la goma de mascar rápidamente, pero habría ganado más dinero si hubiera fijado un precio alto. Los precios cambian constantemente en una economía de libre mercado.

Recursos humanos

Hay recursos naturales y recursos de capital. Pero hay otro recurso: ¡las personas! Necesitamos personas para cultivar alimentos y construir viviendas. Las personas trabajan en tiendas y en escuelas. Fabrican los bienes y prestan los servicios que necesitamos. Estas se llaman **recursos humanos**.

No tendríamos recursos de capital sin recursos humanos. Para construir una vivienda necesitas recursos naturales, como la madera. También necesitas recursos de capital, como un martillo y clavos. Pero estos elementos no son útiles si no hay personas. Son las personas quienes usan las herramientas para construir la vivienda. Esas personas son recursos humanos.

recurso humano

recurso natural

recurso de capital

¡Tú también eres un recurso humano! ¿Alguna vez has ayudado a preparar la cena? Es posible que necesites algunos recursos naturales, como agua y huevos. Probablemente necesitarás algunos recursos de capital, como una estufa y una sartén. Pero la comida no puede hacerse a menos que ayudes a prepararla. Tú eres el recurso humano. Conviertes los recursos en la cena.

Esta máquina extrae petróleo de debajo de la tierra.

Usar los recursos cuidadosamente

Hace mucho tiempo, las personas solamente usaban una pequeña cantidad de los recursos naturales de la Tierra. Usaban el agua para beber, limpiar y cultivar. Usaban unos pocos árboles para construir sus viviendas.

Hoy en día, usamos más recursos naturales que nunca. Talamos grandes bosques para construir más viviendas. Excavamos profundo en la tierra para buscar petróleo. Estos recursos naturales nos ayudan a construir grandes ciudades. Ayudan a impulsar los vehículos y al funcionamiento de nuestras viviendas.

Estos troncos se cortaron de los árboles en un bosque lluvioso.

Algunos de los recursos naturales que usamos, como el agua, se recuperan. Podemos recolectar más agua cuando llueve. Estos se llaman *recursos renovables*. Por supuesto, debemos tener cuidado y no usar demasiado para que siempre haya una cantidad suficiente. Pero hay otros recursos naturales, como el petróleo, que no se recuperan. Hay una cantidad determinada de petróleo en el mundo. Estos se llaman *recursos no renovables*.

Nuestros recursos de capital pueden hacer muchas cosas. Pero solamente podemos hacer estas cosas si quedan suficientes recursos naturales. Necesitamos tener cuidado sobre cómo usamos los recursos del mundo.

Algunos recursos que necesitamos son **escasos**. Eso significa que son raros. No hay mucha cantidad de ellos. Esto puede afectar nuestra forma de vida. En algunos países, el alimento es escaso. Las personas no siempre tienen suficiente para comer. Si el petróleo es escaso, las personas no tendrán gasolina para conducir sus automóviles.

Cuando los recursos son escasos, necesitamos cambiar cómo vivimos. Es importante **conservar** los recursos para tenerlos cuando los necesitemos. Conservar significa usar algo con cuidado. Podemos conservar la **electricidad** apagando las luces cuando no haya personas en una habitación. Si desperdiciamos los recursos que tenemos, los agotaremos.

Apagar las luces y usar reguladores de intensidad ayuda a conservar los recursos.

Una manera de conservar es **reciclar**. Reciclar es convertir cosas usadas en cosas nuevas que se pueden volver a usar. Las personas reciclan cosas como botellas de plástico, frascos de vidrio y papel. Al reciclar, las personas pueden usar los mismos recursos naturales una y otra vez.

Reciclar es una excelente manera de conservar los recursos de la Tierra.

El Día de la Tierra

Cada 22 de abril, Estados Unidos y más de 100 otros países celebran el Día de la Tierra. En este día, las personas se visten de verde y hacen actividades para ayudar al medio ambiente. Este día nos ayuda a recordar que necesitamos conservar los recursos naturales de la Tierra.

Un mundo de recursos

Las personas de todo el mundo están conectadas mediante recursos. Todos los países usan recursos de capital. Los usan para fabricar cosas a partir de recursos naturales. Todos los países tienen recursos naturales diferentes. A menudo, los países se compran y venden bienes entre sí. Esto les permite obtener todo lo que quieren y necesitan.

Esta trabajadora es un recurso humano.

Para fabricar este juego, se usaron recursos naturales, humanos y de capital.

Piensa en los recursos la próxima vez que juegues un juego. Piensa en todos los recursos que se necesitaron para fabricarlo. ¿Tiene el juego piezas de plástico? El plástico está fabricado con recursos naturales. Piensa en los recursos humanos. Las personas tuvieron que diseñar el juego. Luego, piensa en todos los recursos de capital. ¿Hay tornillos que se usan para mantener el juego unido? ¿Se usó una máquina para fabricarlo? ¿Se usó un pincel para pintarlo? Los recursos de capital pueden ayudar a convertir los recursos naturales en muchas cosas. Producen las cosas que usamos y de las que disfrutamos a diario.

¡Haz una lista!

Piensa en un bien que te gustaría hacer para tus familiares o amigos. Quizás te gustaría hornear galletas para tus vecinos. O probablemente te gustaría crear una pintura para compartir con tu familia. Haz una lista de todos los recursos de capital que necesitarás para hacer ese bien. Luego, haz el bien para compartir con tus familiares o amigos.

Esta niña hace una lista de los recursos de capital que necesitará.

Este niño prepara galletas con su papá.

Glosario

ancestros: personas que vivieron antes que nosotros

antiguos: relacionados con un período del pasado remoto

conservar: usar cuidadosamente

demanda: la cantidad de personas que quieren bienes y servicios

economía: el sistema mediante el cual se hacen, compran y venden bienes y servicios

electricidad: una forma de energía que se transporta a través de cables y se usa para operar luces y máquinas

escasos: en poca cantidad

oferta: la cantidad de bienes o servicios que se ofrecen para vender

piedra de molino: una de dos piedras grandes y redondas que se usan para moler grano en un molino

reciclar: hacer algo nuevo de algo que se usó anteriormente

recursos: cosas que puede usar un país para producir dinero

recursos de capital: cosas que usan las personas para hacer bienes y brindar servicios

recursos humanos: personas con habilidades que pueden trabajar

recursos naturales: cosas que existen en el mundo natural que un país puede usar

Índice analítico

¡Tu turno!

Desafío con un objeto

Elige un objeto del salón de clases. ¿Qué recursos naturales se necesitaron para fabricar el objeto? ¿Qué recursos de capital se necesitaron para fabricarlo? ¿Qué recursos humanos se necesitaron para fabricarlo? Haz un gráfico y enumera los recursos que se pueden haber necesitado.